REVOLUÇÃO DIGITAL
NA COPA DA FRANÇA

CIP-BRASIL. CATALOGAÇÃO NA PUBLICAÇÃO
SINDICATO NACIONAL DOS EDITORES DE LIVROS, RJ

G315r   Gerchmann, Léo
          Revolução digital na Copa da França / Léo Gerchmann. –
          1. ed. – Porto Alegre [RS] : AGE, 2022.
          95 p. ; 14x21 cm.

          ISBN 978-65-5863-163-7
          ISBN E-BOOK 978-65-5863-162-0

          1. Copas do mundo (Futebol) – História. 2. Copa do
          Mundo (Futebol) (16. : 1998 : França) – Cobertura jornalística.
          3. Jornalismo esportivo. I. Título.

          22-81051   CDD: 070.4497963340944
                              CDU: 070.44:796.332(44)

Meri Gleice Rodrigues de Souza – Bibliotecária – CRB-7/6439

Léo Gerchmann

REVOLUÇÃO DIGITAL
NA COPA DA FRANÇA

PORTO ALEGRE, 2022

© Léo Gerchmann, 2022

Capa:
Nathalia Real

Diagramação:
Nathalia Real

Supervisão editorial:
Paulo Flávio Ledur

Editoração eletrônica:
Ledur Serviços Editoriais Ltda.

Reservados todos os direitos de publicação à
LEDUR SERVIÇOS EDITORIAIS LTDA.
editoraage@editoraage.com.br
Rua Valparaíso, 285 – Bairro Jardim Botânico
90690-300 – Porto Alegre, RS, Brasil
Fone: (51) 3223-9385 | Whats: (51) 99151-0311
vendas@editoraage.com.br
www.editoraage.com.br

Impresso no Brasil / Printed in Brazil

NOTÍCIA DE LÉO GERCHMANN

Luiz Antônio Araujo[1]

Léo Gerchmann nasceu em 11 de julho de 1964, em Porto Alegre. Cresceu no bairro Bom Fim, reduto de migrantes judeus do leste da Europa imortalizado na obra de Moacyr Scliar. O pai, Henrique, empresário, era filho de cidadãos romenos da Bessarábia, hoje Moldávia. A mãe, Miriam, arquiteta, é de família oriunda da Polônia. Léo teve uma infância solar entre Porto Alegre e Capão da Canoa, onde os Gerchmann veraneavam. Num tempo em que crianças ainda brincavam na rua da manhã à noite, palmilhou ruas e parques, traçou guloseimas e envolveu-se em estripulias como todo menino de sua idade e condição.

A paixão da vida inteira pelo futebol não foi adquirida, mas congênita. O pai era torcedor primevo e dirigente do Grêmio. Um tio paterno, Bóris, brilhou ao lado de Tesourinha no Rolo Compressor, mítica formação do Internacional nos anos 1940. Entre os dois, Léo pendeu para o primeiro. Se jogar era um enlevo, ir ao estádio para torcer pelo Imortal Tricolor era a glória. Ao exultar até o último fio de voz pela vitória do time do coração, encontrava-se consigo mesmo.

A formação escolar deu-se no Colégio Israelita Brasileiro, tradicional instituição de ensino que se distinguia

---
[1] Jornalista

pelos professores jovens e brilhantes e por uma atmosfera cultural de vanguarda. Foi lá que o interesse de Léo pela leitura e pela escrita mesclou-se à música popular. Corriam os anos 1970, e sua mente foi capturada para sempre pela sonoridade bruta e luminosa do *rock'n'roll*. De todos os amigos de infância, poucos tiveram a proeminência de quatro rapazes de Liverpool que atendiam pelos nomes de John, Paul, George e Ringo. Os Beatles estenderam-lhe a mão em forma de versos e melodias nos momentos mais jubilosos e angustiantes. Ele retribuiu com ouvidos fiéis e coração de fã.

Léo formou-se em Jornalismo em 1986 pela Universidade Federal do Rio Grande do Sul. Dois anos depois, concluiu também o curso de Direito pela Pontifícia Universidade Católica do Rio Grande do Sul. A imprensa já fazia parte da trajetória familiar: um primo, Adolfo Gerchmann, era talentoso repórter fotográfico. Depois de breve passagem pelo jornal *Zero Hora*, Léo começou na redação do *Correio do Povo*, que conhecera por intermédio de Jacques Wainberg. Integrou-se como repórter à editoria de Política no efervescente período da redemocratização. Era uma equipe de respeito: sob a batuta do editor Armando Burd, estavam lá Luiz Augusto Kern e Vanice Cioccari. Com a colega Dione Kuhn, Léo iniciou um eterno namoro de juventude que frutificou nos filhos Pedro, 20 anos, e Paula, 15 anos. Estão juntos até hoje, em companhia dos *pets* Paul, um simpático *yorkshire* que os deixou em 2022 em razão de enfermidade crônica, e Jake.

Passou novamente pela *Zero Hora* antes de se tornar correspondente da *Folha de S.Paulo* em Porto Alegre, em 1995, dividindo a sucursal com Carlos Alberto de Souza. Pela primeira vez desde o início da trajetória profissional, fazia de tudo: política, economia, rural, cotidiano, esporte, polícia. Em seu trabalho, sobressaíam-se texto escorreito, atenção para detalhes e nuanças, e invencível curiosidade que o levava a procurar – e encontrar – razões profundas, contradições e dramas subjacentes em cada notícia. O porto-alegrense não tardou em atrair a atenção dos superiores em São Paulo.

Dois anos depois de contratado, transferiu-se para Buenos Aires como correspondente da *Folha*, indicado por Josias de Souza, então secretário de redação. A mudança constituía um desafio profissional e pessoal: recém-casado, teria de administrar a saudade da mulher e dos pais. Ajudaram-no os amigos: foi recebido de braços abertos pelos colegas brasileiros em solo portenho, como Ariel Palacios, Miriam de Paoli e Flávio Tavares. Morava em Palermo, num apartamento amplo e confortável que também acolhia Dione nas raras folgas sincronizadas de ambos.

Mergulhou fundo na cobertura dos anos finais de Carlos Menem na presidência, O ocaso do líder peronista que impusera a agenda neoliberal ao país, eivado de escândalos de corrupção, atraía a atenção do mundo e fazia a delícia dos correspondentes estrangeiros. Da Plaza de Mayo aos *pueblos* do cinturão industrial bonaerense, da antiga cena *tanguera* ao mundo do *rock'n'roll*, das metrópoles ao interior rural e agauchado, tudo fascinava o repórter brasileiro. Comoveu-se com histórias como a de Sara Rus, sobrevivente do Holocausto que perdera o filho Daniel entre os 30 mil mortos e desaparecidos da ditadura militar (1976-1983). Se chegou à Argentina como repórter maduro, tornou-se em Buenos Aires um repórter latino-americano na melhor tradição de Marcos Faerman (outra cria do Bom Fim) e Newton Carlos.

Em 1998, ao retornar ao Brasil, foi recrutado para a equipe da *Folha* que cobriria a Copa do Mundo da França, sob a coordenação do editor de Esporte, Melchiades Filho, ao lado de outros 12 repórteres, sete colunistas, cinco fotógrafos e um coordenador de produção. Era um momento jubiloso para o jornalismo brasileiro: na esteira da paridade entre real e dólar, os grandes grupos de comunicação mobilizaram vultosas forças-tarefas para cobrir o anunciado caminho do Brasil rumo ao pentacampeonato mundial. Os participantes não sabiam, mas a última Copa do Mundo do século XX seria também a derradeira a ser dominada de forma indiscutível pelo jornalismo impresso e eletrônico. A produção de Léo na França constitui o sangue e a carne do livro que o leitor tem diante dos olhos.

De volta a Porto Alegre, o repórter retomou as funções na sucursal da *Folha*. Em 2002, deixou o jornal, assumindo em seguida a direção de Jornalismo da TVE/RS, emissora pública exibida em rede aberta em todas as regiões do Estado. Dois anos depois, retornou à *Zero Hora* para uma passagem que durou 13 anos. Na editoria de Mundo, a cargo de Luciano Peres, encontrou mais uma vez um ambiente propício à grande reportagem: o auge da chamada Onda Rosa, como ficaram conhecidos os governos de centro-esquerda da América do Sul nas duas primeiras décadas do século. Sempre atento à Argentina, estendeu sua atenção ao restante do continente latino-americano, com destaque para a Venezuela. Foi enviado pelo jornal para cobrir eleições e crises nos dois países e lançou o único *blog* da imprensa brasileira consagrado à América Latina.

Desde 2017, Léo dedica-se principalmente à atividade de escritor, na qual consolidou e ampliou o talento temperado nas redações. Antes, havia lançado *Coligay: tricolor e de todas as cores* (2013), *Somos azuis, pretos e brancos* (2015) e *Viagem à alma tricolor em 7 epopeias* (2015), todos dedicados ao clube do coração. Que ninguém lhe peça fleuma quando se trata do Grêmio. Agudo e atento em seu estado normal, torna-se sanguíneo e apaixonado ao escrever sobre seu time, que era também o de Lupicínio Rodrigues e Erico Verissimo. Filho dileto da nação tricolor, contempla o clube adorado como quem mira as próprias entranhas. Em 2019, publicou *Jayme Copstein ao Quadrado*, uma biografia do jornalista e radialista gaúcho, e no ano seguinte, *A fonte: a incrível história de Salim Nigri*, registro da vida do conselheiro e torcedor símbolo do Grêmio.

Escrever, para ele, é uma extensão natural de tudo que faz. Seu texto é preciso e elegante, sem jamais ser pedante: quem o lê sem conhecê-lo antevê o autor "crescido de coração", na síntese de Guimarães Rosa. Observador sutil e perspicaz, é capaz de identificar instantaneamente a essência de uma situação ou a personalidade de um indivíduo. Não desperdiça a vida em miudezas: tem sempre um livro à mão, um comentário sobre a notícia dominante do dia, um plano para celebrar de forma adequada um grande acontecimento individual ou coletivo. Ouve mais do que fala, vê mais do que aparenta. Sente-se à vontade no mundo, o que não o impede de ser avesso a toda mesquinhez, infâmia ou atrocidade. Alguns de seus leitores não poderão ler este seu livro: o pai Henrique, o primo Adolfo, o colega e amigo David Coimbra. O autor sente as ausências, mas segue em frente, imbuído de sua missão de contar histórias.

Léo Gerchmann é, antes de tudo, um repórter.

SUMÁRIO

Introdução 13

1 A Argentina como princípio 17

2 Uma revolução 21

3 A História se renova 25

4 O desafio de prender o público 27

5 Reinventar-se para manter a essência 29

6 Reprodução de notas enviadas da França 35

INTRODUÇÃO

Era uma tarde amena do começo de outono em Porto Alegre. Eu voltava caminhando e fazendo a digestão após o almoço num restaurante vegetariano do centro da cidade quando o celular tipo tijolão, naquela época usado só para a finalidade óbvia da telefonia, tocou no estojinho de couro em que ele ficava, preso ao cinto. Era de São Paulo. Normal, ora. Como repórter da *Folha de S. Paulo* na sucursal gaúcha, meu contato com a sede paulistana era permanente. Só que, nesse caso, não se tratava de alguma pauta ou alguma providência administrativa. Havia uma surpresa naquele telefonema interurbano.

Poucas semanas antes, eu havia retornado da minha experiência de 7 meses como correspondente da *Folha* em Buenos Aires. Foi uma temporada marcante, de produção frenética, com imersão em outro país, muito conteúdo e até mesmo "furos de reportagem" que os jornais locais, como o *Clarín*, o *La Nación* e o *Página 12*, repercutiam citando a Folha. Veja bem: furo de reportagem era aquela informação exclusiva que você lia num jornal específico quando acordava e o pegava no vestíbulo.

Quando uma reportagem repercutia na Argentina, eu enviava a cópia das páginas dos jornais argentinos por fax para a *Folha*. E era uma vibração! O jornal estrangeiro conseguir *furar* os jornais locais era uma façanha. Eu consegui algumas vezes essa proeza porque tratei aquele momento como uma imersão, uma oportunidade profissional e pessoal de ouro, e me cerquei de fontes, com a ajuda de amigos como Clóvis Rossi (que me indicou para ser correspondente), Ariel Palacios e Flávio Tavares, além de Jair Krischke, do Movimento de Justiça e Direitos Humanos.

Percebam os seguintes elementos citados acima: celular do tamanho dum tijolo e que serve apenas para telefonar, trabalho presencial na sucursal do jornal de outro Estado, veículo impresso dando *furo* no dia seguinte, fax, comunicação telefônica interurbana.

Era outro mundo, que mudou completamente naquela metade do ano de 1998.

Mas por que havia surpresa naquele telefonema? Porque a *Folha*, em cima da hora, decidiu ter um repórter destacado a cobrir a Copa do Mundo da França com a missão única e inédita de transmitir textos em tempo real destinados à Agência Folha (que distribuía conteúdo aos clientes) e ao UOL (Universo Online), o *site* de notícias que pertencia ao jornal.

Naquela época, 1/4 de século atrás, o abastecimento de textos em tempo real era uma enorme novidade, uma conquista evolutiva das comunicações. Surpresos com tamanhos avanços, a avaliação que nós, jornalistas, fazíamos era de que havia ali uma mistura da agilidade do rádio com o texto do jornal. É como culturas onde não existe a cor roxa, e, para defini-la, as pessoas dizem ser a mistura de azul com vermelho. Era algo absolutamente transgressor, inédito e vanguardista.

Curiosamente, eu mesmo havia participado da cobertura da Copa do Mundo anterior, de 1994 (EUA), fazendo textos dentro da redação a partir do acompanhamento pelo *tubo* (TV). Na época, eu trabalhava no jornal *Zero Hora*, de Porto Alegre, para onde eu voltaria uma década depois (fiquei 11 anos na *Folha* e 13 anos em *Zero Hora*, juntando dois períodos, de três e 10 anos). Dois colegas do jornal haviam ido, mas a *hard news* dos jogos em si ficava por minha conta.

Quando a seleção chegou, após a conquista de 1994, cobri a festa no Rio de Janeiro. E como eu enviava as matérias feitas no Rio? Por fax, é claro. O conteúdo chegava ao destinatário no papel que deslizava calma e barulhentamente de um equipamento eletrônico imenso.

Enfim, o papel. Façamos justiça a ele. Graças ao papel, este livro pôde ser escrito. Quando cheguei da cobertura na França, onde fiquei 40 dias cobrindo apenas a seleção brasileira em Paris, Nantes e Marselha, minha esposa, a Dione Kuhn, me esperava com uma surpresa. Organizada como ela é, entregou-me uma pasta preta com todas as notas que fiz durante a cobertura. Ela imprimiu tudo, e isso permitiu que o material não se perdesse.

Vale uma digressão sobre o meu casamento – um matrimônio forjado no ambiente profissional, entre dois colegas jornalistas. Temos o hábito de brincar que sou o repórter, e ela é a editora. Devo reconhecer que ela tem o dom de tentar dar algum ordenamento neste ser desorganizado que aqui escreve. Em outras palavras, ela me edita como pessoa.

Neste mesmo ano de 2022, há uma Copa do Mundo (do Catar) e uma efeméride: os 50 anos da primeira transmissão de TV em cores (a Festa da Uva de Caxias do Sul). Esse cinquentenário mereceu a elaboração de textos marcando a data como algo revolucionário. Era a adoção das cores na TV, realmente algo impressionante naquele 1972 de ditadura militar e autoridades caxienses, como o governador Euclides Triches, o ministro das Comunicações, coronel Hygino Corsetti, e o ministro dos Transportes, tenente-coronel Mário Andreazza (percebam que coincidência *aleatória*: qual o local do evento histórico mesmo?).

Mas, convenhamos, uma evolução estética, meramente de imagem. E, ora, toda aquela solenidade teve a influência de uma estratégia do presidente Emilio Médici (general e gaúcho de Bagé, aliás), que queria dar ares de modernidade à ditadura militar.

A revolução digital, logo, é muito mais profunda.

Mudou muito mais a vida das pessoas e o jeito de fazer jornalismo.

Aquela Copa do Mundo de quase um quarto de século atrás foi palco global de uma revolução que tornaria as comunicações completamente diversas das que havia até então. A forma de apresentar o conteúdo, as prioridades, as pautas, o tempo, a obsolescência de veículos, a mudança de hábitos. A cobertura *on-line* em tempo real chegou para mudar tudo e nos colocar no auge da revolução digital. E essa cobertura que eu tive a honra de protagonizar foi altamente histórica e revolucionária. Nada mais natural que seja contada em livro.

A ARGENTINA COMO PRINCÍPIO

Foram sete meses intensos na Argentina, entre outubro de 1997 e abril de 1998. Posso dizer que levei ao pé da letra o significado de ser correspondente internacional. Instalado num apartamento da esquina entre a Avenida Santa Fé e a Calle Araoz (a mesma rua em que o rosarino Che Guevara morou quando estudou Medicina na Capital Federal, só que na esquina com a Mansilla e décadas antes), eu vivi ali possivelmente os momentos mais deliciosos da minha trajetória profissional em veículos (a elaboração de livros é outra e linda história). Por isso, ao falarem sobre a rivalidade entre argentinos e brasileiros, não contem muito comigo. Fui muito feliz em Buenos Aires.

O bom correspondente faz imersões no local em que vive. E assim eu fiz. E dá-lhe aproveitar os momentos de folga para longas caminhadas atravessando a cidade com a Rádio Mitre no aparelhinho à pilha ao ouvido. O colega Ariel Palacios trabalhava em *O Estado de S. Paulo*, mas era muito mais amigo do que *concorrente*. Amizade, aliás, que perdura firme até hoje.

– Nunca vi um correspondente tão dedicado, Léo!

Ele comentava isso comigo, e eu sentia minha obsessão (sou obsessivo) premiada.

Querido Ariel!

Mas, enfim, foi essa dedicação que resultou no meu convite para cobrir a Copa do Mundo em junho daquele ano. Ou seja, mal cheguei a Porto Alegre para tocar a vida, e veio outra missão, só que como enviado especial a Paris, para a revolucionária cobertura em tempo real.

Em Buenos Aires, eu assinava cinco jornais impressos (percebem?!) e, de manhã cedinho, tomava meu mate lendo as novidades do dia anterior (!!!) no Jardim Botânico. Sim, o bairro onde eu morava era Palermo, e o Jardim Botânico ficava a três quadras do meu apê.

E foi então que a Argentina fez seu último teste para a Copa que eu ainda nem cogitava cobrir. Por uma tradição local (sustentavam que dava sorte desde a conquista do título mundial em 1986, no México), o teste ocorreu em Israel, e, surpreendentemente, a seleção israelense, quase uma equipe amadora, venceu. Dois a um! A *zebra* provocou nos argentinos o surgimento daquele dom muito judaico (Buenos Aires tem a maior comunidade judaica da América Latina): rir de si mesmo. Foi então que deparei com o seguinte título:

"Una patada en el tujes!"

Hmmmm. Fiquei olhando aquela palavra, *tujes* (o *jota*, em espanhol, com som de *erre*). Que palavra seria aquela que meu bem razoável vocabulário em castelhano não decifrava? Alguns segundos foram suficientes para eu me lembrar do vocabulário em iídiche que, jovem judeu, aprendi com meus pais e avós. *Tujes* (*tuches*)?! Seria possível?, eu indaguei aos risos.

> **Derrota para Israel é piada na Argentina**
>
> **LÉO GERCHMANN**
> de Buenos Aires
>
> O jornal argentino "Página 12", conhecido pela irreverência com que trata variados assuntos, não mudou de atitude ao definir a derrota da Argentina para Israel por 2 a 1, anteontem, em Jerusalém. "Una patada en el tujes" foi a manchete da capa. A palavra "tujes" vem do idioma idiche -"turres"- e em português significa bunda.
> Toda a imprensa argentina tratou a atuação da seleção e a derrota para os israelenses como uma vergonha para o esporte nacional.

Voltei ao apartamento e telefonei para o *Página 12*, jornal de centro-esquerda que fazia franca oposição ao presidente peronista (de linha ultraliberal) Carlos Menem.

– Alô, é da redação? Uma dúvida: a palavra *tujes* (*tuches*) utilizada no título é realmente *bunda* em iídiche, como desconfio?

Do outro lado da linha, uma repórter riu e respondeu:

– *!Por supuesto que sí!*

Eu ria muito depois de desligar o telefone.

Em Buenos Aires, algumas expressões em iídiche e muitos costumes judaicos são corriqueiros e entendidos. Não chega a ser como em Nova Iorque e outras cidades americanas, onde são ainda mais comuns, inclusive no cinema e nos meios de comunicação. Evidentemente, não chega a ser como nas cidades israelenses, onde o hebraico é idioma oficial, e o iídiche (mistura de alemão e hebraico adotada na diáspora europeia) é lembrado com afeto e lido nas obras de muitos autores. Mas são fruto de uma coletividade forte, influente na cultura portenha.

E, de certa forma, fiz ali a primeira notinha naquela Copa que eu ainda nem sonhava cobrir.

...

Este livro é sobretudo uma ode em prosa ao jornalismo. Assim como os médicos sempre se diferenciarão dos curandeiros e os advogados dos rábulas, os jornalistas profissionais sempre e cada vez mais se diferenciarão dos propagadores de uma poluição verbal que muitas vezes, culposa ou dolosamente, propaga a desinformação.

UMA REVOLUÇÃO

Foi, sim, uma revolução a que ocorreu no final dos anos 1990, e aquela Copa do Mundo dividiu as águas caudalosas da tecnologia e da forma de informar. Apenas 10 anos antes, espaço extremamente exíguo em termos de História, nem telefone móvel era usado de forma massiva. Dependíamos dos telefones fixos analógicos. Apenas uma década depois, na Copa da França, os repórteres fotográficos enviavam a imagem às redações instantaneamente, de dentro do campo, pelo celular. As imagens iam pelo ar, viajavam milhares de quilômetros! Pode parecer algo trivial para você nesta terceira década do terceiro milênio. Mas, naquele momento, era uma mágica estonteante. E, como em toda revolução digna desse nome, em decorrência dessas alterações, outras ocorreram nos costumes.

O mundo se tornou outro.

O jornalista, escritor e professor da ECA-USP (Escola de Comunicação e Artes da Universidade de São Paulo) Eugênio Bucci, em conversa com este autor, pontuou certa vez uma série de alterações que o mundo digital opera em nosso cotidiano. As mudanças vertiginosas ocorrem na rapidez do processo informativo, mas também na facilidade de manuseio. E Bucci fala sobre a nova ética que se exige diante desse fenômeno. Se nos primórdios da imprensa surgiu a necessidade de códigos reguladores da atividade jornalística, agora o usuário da internet precisa também arcar com as novas exigências comportamentais. A instantaneidade por trás de uma máquina mascara o fato de que o meio até pode ser digital, mas as pessoas que se utilizam dele ou que dele são alvo nunca deixaram de ser reais. A magia de estar viajando o mundo dentro do próprio quarto por vezes tira das pessoas a noção dos seus atos. "A resposta para resolver isso passa pela regulação", enfatiza Bucci, autor de *A Superindústria do Imaginário: como o capital transformou o olhar em trabalho e se apropriou de tudo que é visível* (Autêntica, 2021) e de *Existe democracia sem verdade factual?* (Estação das Letras e Cores Editora, 2019).

O jornalismo vive um enorme paradoxo no momento em que a internet mudou a dinâmica da transmissão de informações, e fatos se misturam com meias-verdades e inverdades, a ponto de Bucci dizer que "a informação é menos abundante que a desinformação". A profissão, como negócio, enfrenta a pulverização da publicidade e a redução dos ganhos financeiros; na sua essência, porém, a rapidez, a superficialidade e por vezes a leviandade da internet aumentam a necessidade de o jornalista se qualificar no conteúdo (precisão), na forma (textos de excelência) e na credibilidade (o público sabe filtrar o que é confiável). Em uma analogia com a matemática, é como o número que se contrapõe ao zero (quando a imprensa surgiu como ferramenta de informação diante da ausência de alternativas) e o número que precisa ser mais robusto por se contrapor à desinformação (ao número negativo das *fake news*). Logo, o desafio é ainda maior, e o compromisso se torna mais crucial. O número positivo se opõe à negatividade da poluição verbal inconfiável, por vezes leviana, muito em especial na terra sem lei do espaço virtual. O problema é tão gritante, que em março de 2017 a ONU (Organização das Nações Unidas) divulgou declaração afirmando que as notícias falsas e a desinformação se tornaram uma ameaça global. Nunca foi tão fácil acessar a informação, mas nunca foi também tão fácil se informar de forma equivocada.

Bucci costuma lembrar o livro *Protocolos dos sábios do Sião*, "uma calúnia notória, uma infâmia a serviço do antissemitismo mais baixo", para mostrar como as notícias falsas são antigas e como elas podem provocar tragédias – o *Protocolos* serviu de base para o nazismo e o Holocausto. A diferença, atualmente, é que a propagação de conteúdos tem difusão extrema.

Pilares básicos do Jornalismo precisam ser tema de aprofundamento. Basicamente, deve-se ter no horizonte que a atividade jornalística busca a verdade objetiva, lembra Bucci, que sublinha a necessidade de diferenciar o que é fato do que é opinião. Vale a velha lógica de que, se você abre a janela de casa e vê que o céu está azul, deve escrever que o céu está azul. Entra aí uma questão muito atual. O negacionismo que defende teorias terraplanistas, delírios criacionistas e absurdos como negar o Holocausto ou dizer que o nazismo é de esquerda não pode ser levado a sério a ponto de se beneficiar de um pluralismo hipócrita e preguiçoso. Exemplo: deve-se "ouvir o outro lado" quando se fala na esfericidade da Terra?!

A própria rapidez da notícia, por vezes instantânea, exige do jornalista hoje uma destreza superior à de antigamente. Foi-se o tempo em que o repórter poderia ser bom investigador, mas ruim de texto. O jornalista hoje precisa ser completo, precisa ter aquilo que chamávamos de "texto final", ou seja, o texto que chega ao editor já pronto para a publicação. A figura do copidesque se tornou obsoleta. Em outras palavras: profundidade, qualidade e credibilidade. O jornalista está exposto e precisa se diferenciar no pântano da (des)informação.

...

No Dia Mundial da Notícia, em 28 de setembro, há uma tradição de alguns jornais publicarem reflexões sobre sua atividade e os impactos que dela derivam. No ano de 2022 em que este livro está sendo escrito, o tema foi "Jornalismo faz a diferença". Muito apropriado e oportuno, quase um *slogan* neste momento em que o mundo ainda vive a pandemia do coronavírus ao mesmo tempo em que vê a proliferação das chamadas *fake news* ("notícias falsas", o que é uma contradição em si, porque, se é notícia, necessariamente não pode ser falsa e de governos negacionistas, de extrema direita, inclusive no Brasil.

A HISTÓRIA SE RENOVA

O historiador Rodrigo Trespach, autor de 17 livros que procuram levar fatos históricos com leveza para a leitura das pessoas, aponta o dedo de pesquisador para o momento vivido pelo jornalismo desde aquele final dos anos 1990:

> Talvez não exista meio mais interessante para compreender uma geração, em qualquer que seja o ponto da História, do que observar o modo como as pessoas se comunicam. O meio pelo qual se enxerga ou se vive determinado fato e como a informação (a "história") é transmitida ao resto do mundo. Cobrir eventos públicos é um trabalho realizado por jornalistas há mais de um século e meio. E durante muito tempo o modo como esses profissionais atuavam — principalmente os ligados à escrita; o jornal impresso — se manteve quase que sem avanços ou grandes impactos e alterações. O mundo televisivo, por exemplo, vinha passando por transformações tecnológicas desde os anos 1950. Para os jornais, as grandes mudanças vieram bem depois. Há quase um quarto de século, tudo mudou com o nascimento da rede global de computadores. E a geração digital já não consegue imaginar como era uma cobertura jornalística no início dos anos 1990. Como era trabalhar na cobertura do

maior evento esportivo no mundo sem a rapidez da internet — e os *sites* de notícia virtuais —, transmitindo informações em "tempo real" valendo-se da comunicação telefônica e do fax? Tudo para alcançar um público acostumado à leitura dos jornais diários e das revistas semanais. Grande parte da geração que vai parar para assistir a Copa do Catar (2022) sequer sabe o que significa um *fax* e não faz a menor ideia de que um telefone móvel servia apenas e tão somente para que duas pessoas pudessem conversar, sem acesso a internet, com o envio de mensagens, imagens, vídeos etc. Isso, sem contar que a geração atual mal tem contato com fontes impressas. Léo Gerchmann viveu o período de transição, o tempo que ele chama de "revolução", indicando o ponto exato no espaço-tempo: a cobertura da Copa do Mundo de Futebol da França, em 1998.

O DESAFIO DE PRENDER O PÚBLICO

O jornalista Nílson Souza, cronista do jornal *Zero Hora* e por 20 anos responsável pelos editoriais do mesmo jornal, com vivência de grandes coberturas (incluindo a Copa do Mundo de 1978 na Argentina e a da Espanha, em 1982, pelo *Jornal do Brasil* e pela Empresa Jornalística Caldas Júnior), fala sobre os atuais impasses da profissão:

A má notícia é que perdemos o público. A boa notícia é que continuamos lutando bravamente para recuperá-lo, sem renunciar à nossa convicção de que uma imprensa ética e independente é instrumento de cidadania e sustentáculo da democracia. Nossa atividade de informar e opinar foi atropelada pela revolução tecnológica, assim como outros ofícios que desapareceram ou tiveram que se reciclar para sobreviver. Não nos faltou – e não nos falta – empenho para a rápida e constante adaptação aos novos tempos. Nós, jornalistas de todas as idades, aprendemos a usar o computador, a internet, os bancos de dados e a inteligência artificial com a celeridade necessária para nos mantermos ativos. Mas essa avalanche de recursos tecnológicos também provocou mudanças comportamentais impactantes no público, que gradativamente vem perdendo o interesse pelos produtos do jornalismo profissional. Para se constatar o tamanho da transformação, basta comparar a audiência de influenciadores que nasceram ontem e já viraram celebridades com o público ainda fiel a veículos tradicionais. A verdade é que o jornalismo está perdendo de goleada. O resultado disso, sabemos todos, é trágico para a indústria da comunicação. Com a migração de anunciantes para as plataformas tecnológicas e para os novos fenômenos de audiência, jornais fecham, os telespectadores escasseiam e as emissoras de rádio dão demasiado protagonismo aos ouvintes, num esforço desesperado para segurar a audiência. Claro, estamos todos também tocando o jornalismo digital, mas este enfrenta a concorrência desigual das redes sociais, das bizarrices, dos vídeos engraçadinhos e das *fake news*. Assim caminha a humanidade, mas nem tudo está perdido. Além da má e da boa, existe também uma notícia alentadora: nada é definitivo. Veja-se, por exemplo, o que ocorreu no primeiro ano da pandemia. Acuado pela desinformação e pelos absurdos divulgados nas redes sociais, o público correu de volta para a imprensa tradicional em busca de informação confiável, ética e comprometida com a verdade. É o que temos a oferecer. É o nosso diferencial. Já sabemos que sempre que a vida, a democracia, as liberdades e os mais caros valores humanos estiverem ameaçados, o público se voltará para nós. Ou seja: nossa credibilidade pode nos salvar. Por isso, temos que continuar trabalhando duro para cumprir a nossa missão, ainda que o público pareça distraído.

REINVENTAR-SE PARA MANTER A ESSÊNCIA

Num texto escrito para o jornal espanhol *El País* em 20 de abril de 2016, a jornalista especializada na área cultural Paula María Pérez Blanco alertou: "A frequência de atualização e o imediatismo são armas muito potentes, e isso deve ser tratado com precaução". Tudo a ver com este mundo que se descortinou desde o final dos anos 1990 (o momento revolucionário vivido por este autor na França).

"Num mundo altamente globalizado e sujeito às mudanças que as novas tecnologias propiciam", diz ela, "o jornalismo sofre uma uma forte reconversão, adaptando-se às novas tecnologias da informação e da comunicação e voltando à sua mais pura essência. Ao fim e ao cabo, reinventando-se", com quatro características que são inerentes ao conceito do jornalismo digital: o hipertexto, a multimédia, a interatividade e a frequência de atualização.

"As informações aparecem de maneira muito mais ágil e sem temer a limitação de espaço."

Um novo jeito de fazer jornalismo, portanto, que obriga o jornalista a se reinventar.

Paula Blanco também enfatiza o papel das redes sociais, que amplificam tudo isso.

A volta à essência é a preocupação de contar com agilidade, qualidade e credibilidade.

Tudo de forma intensa e ao mesmo tempo.

"Somente esse bom jornalismo foi, é e será, espero e desejo que para sempre, a base e o suporte da qualidade e dos conteúdos de qualquer meio de comunicação, seja do tipo que for, para a informação presente e futura", completa ela, sublinhando que é essencial o respeito a alguns pilares básicos da profissão, tais como o tratamento objetivo dos fatos.

Alguns pesquisadores veem na mudança do jeito de contar notícias a abertura de variadas e atraentes oportunidades em meio a impasses. Algumas: 1) o jornalista se apodera da elaboração completa, da apuração à publicação em diversas formas, passando, claro, pela feitura do texto sem limite de espaço; 2) o leitor também é propagador em suas redes sociais; 3) há maior liberdade (e exigência de responsabilidade, claro) no texto e no conteúdo, na forma e na essência. Ou seja, o jornalista se torna menos passivo e aumenta o protagonismo no seu próprio trabalho.

É uma situação que traz bônus e ônus.

Outra constatação de quem se debruça sobre o assunto ou o vive na prática cotidiana é a de que também a forma de receber a notícia muda rapidamente. Há uma radical transformação geracional na forma de consumir o jornalismo. A rapidez é cada vez maior na medida em que a tecnologia avança. E o multiúso do telefone celular acelerou o processo. Uma das maiores complexidades está no paradoxo entre a rapidez e a profundidade. A forma de consumir a notícia é frenética, e a exigência de conteúdo consistente é o grande marco a diferenciar o jornalismo do lixo verborrágico e muitas vezes irresponsável da internet. Em meio a tudo isso, o profissional se vê desafiado a fazer frente à proliferação da leviandade. Num paralelo com outras áreas, é o equivalente ao médico ou o advogado confrontado com o curandeiro ou o rádula. Como nesses dois casos, o profissional do jornalismo se diferencia com altas doses de qualidade e credibilidade. Fazer isso ao mesmo tempo em que se exige velocidade cada vez maior nos permite a comparação praticamente literal com a figura do carro tendo o pneu trocado a 300 km/h.

Referência brasileira quando se fala em pesquisas na área da comunicação, Eugênio Bucci, professor da ECA--USP, enfatiza que a tecnologia em si não é o problema; ela é "ótima". O "ruim", segundo ele, é "o controle privado e privativo da tecnologia". E, com isso, Bucci abre outra *aba* no assunto das novas formas de comunicação. No seu livro *A superindústria do imaginário: como o capital transformou o olhar em trabalho e se apropriou de tudo que é visível* (Autêntica, 2021), ele faz um alerta. Diz que nunca a humanidade esteve "submetida a um grau de exploração tão intenso e elevado", porque as tais mídias sociais "extraem o trabalho de bilhões de pessoas, a quem chamam de 'usuários', e essas pessoas acham que estão apenas se divertindo". Isso seria, diz o autor, uma espécie de trabalho escravo na era do mundo virtual. Para deter isso, ele recomenda que o contexto seja bem compreendido (e essa recomendação deve ser vista de forma redobrada quando falamos de jornalistas donos do seu próprio produto) e que seja feita uma regulação "das chamadas *big techs*", como são chamados os conglomerados monopolistas globais.

Enquanto essas mudanças ocorrem, as empresas jornalísticas precisam estar atentas a dois focos, dois computadores ocupados de assuntos completamente diferentes: num deles, há a tarefa de difusão das notícias; no outro, a audiência. Essa imagem provoca natural desconforto.

A pesquisadora argentina Adriana Amado escreve no livro *As metáforas do Jornalismo. Mutações e desafios* (Editora Ampersand): "O Jornalismo é agente, instituição, canal e ofício, e está vivendo a transmutação em todos esses aspectos". É muito instigante a constatação de Adriana Amado quando ela questiona o epíteto do Jornalismo como sendo o "Quarto Poder". Ora, defende ela com muito oportunismo, como podemos usar esse conceito se nem os Três Poderes, mundo afora, estão com seus limites e atribuições bem marcados? Maravilhosa pergunta.

Adriana vê uma espécie de dialética no caminho que está sendo pavimentado com o Jornalismo permanentemente sendo atiçado, fustigado, desafiado e contaminado pelo mundo digital sem leis nem limites. "Lentamente, estamos aprendendo que que quando a opinião é informada, é muito mais sólida e muito mais fácil de defender. Por isso, creio que todo o sistema vai seguir até um equilíbrio entre opinião e informação verificável." Também vem dela outra reflexão, correlata: "A profissão deve ser estudada com a análise das condições em que se desenvolve". E tudo isso, segundo ela, pode ser bom. As mudanças tornam o Jornalismo "forte quanto à adaptação ao ambiente".

Para ilustrar a complexidade da relação com a tecnologia, Bucci lembra os algoritmos, que, segundo ele, são "impenetráveis". "Não sabemos nada sobre os algoritmos. Não sabemos como manejam nossos dados", diz, sublinhando que, por outro lado, os algoritmos sabem tudo de nós.

E fica a questão: essas tecnologias serão dominadas pela democracia, ou serão elas que dominarão as democracias. Isso atinge diretamente o exercício do jornalismo e seus efeitos na sociedade e nos seus protagonistas.

Socióloga graduada na UBA (Universidade de Buenos Aires) e especialista em mídia, Sonia Jalfin fez este belo resumo ao *La Nación* em 30 de setembro de 2017:

Que, quem, quando, onde, por que e como. São perguntas infalíveis para direcionar uma notícia: máximas do Jornalismo que estão por aí desde as origens da profissão e que talvez sejam a única coisa que fique em pé logo adiante. As notícias estão atravessando uma temporada de mudanças vertiginosas, empurradas por inovações tecnológicas. Mudam a forma de produzi-las, com usuários que geram seus próprios conteúdos, robôs que escrevem notícias e recursos que vão da visualização de dados à realidade aumentada ou o *newsgaming*. E muda também – todo tempo – a forma como consumimos as notícias.

O fato é que, em meio a toda essa revolução digital vertiginosa, o Jornalismo enfrenta desafios, dilemas, paradoxos e incertezas que este autor vivenciou intensamente em sua origem, naquela pioneira Copa da França. Foram enormes os desdobramentos desde então, e a velocidade das mudanças é proporcional à velocidade da notícia transmitida em tempo real. A propagação da notícia deixou de se limitar no tempo e no espaço. Em texto ao jornal argentino *La Nación*, em 2 de junho de 2022, o filósofo Alberto Oliva escreveu que "a verdade é uma palavra que se presta ao sobreúso hipócrita e à disputa filosófica". E esse contexto de uso oportunista da palavra para sustentar narrativas reforça a importância da atividade jornalística. O Jornalismo interpreta e certifica, mas esse caminho, apesar de nobre, enfrenta obstáculos. Exemplo: a *fake news*, além de leviana, é gratuita; o Jornalismo, essencialmente comprometido com a verdade, tem (alto) custo para manter o aparato técnico e os profissionais capacitados. O título do artigo de Oliva é o sugestivo: "O futuro do Jornalismo segue sendo escrito". A missão é distinguir os fatos da ficção e ajudar as pessoas a terem uma visão do mundo conectada com a realidade. O Jornalismo deve, enfim, reinventar-se para continuar com a sua essência inquebrantável e de altíssima relevância, que é a de contar histórias, subsidiar o conhecimento, narrar a vida, informar as pessoas, revelando e interpretando fatos. Uma missão e tanto. E urgente!

REPRODUÇÃO DE NOTAS ENVIADAS DA FRANÇA

(Obrigado, Dione)

Brasil treina dentro de uma hora
10h46 - 14/06/98

De Léo Gerchmann
Da Agência Folha
Em Pontault Combault

O Brasil vai entrar em campo para treinar dentro de uma hora, no estádio dos Três Pinheiros, em Ozoir la Ferriere. A previsão é de que o técnico Zagallo realize um treino coletivo, com Leonardo no lugar de Giovanni e Bebeto mantido no ataque, ao lado de Ronaldinho.

O tempo, que tem variado muito, está bom, neste instante, no norte da França. Pela manhã, hoje, os jogadores tiveram folga. Às 8h50 de amanhã, saem do hotel e se dirigem ao aeroporto. Às 10h, partem para Nantes, onde enfrentam a seleção de Marrocos, na próxima terça-feira.

Giovanni se recusa a dar entrevistas
16h23 - 14/06/98

Léo Gerchmann
Da Agência Folha
Em Pontault Combault

O meia Giovanni, que perdeu a posição para Leonardo na equipe titular da seleção brasileira, recusou-se a falar com a imprensa ao terminar o treino coletivo deste domingo à tarde. A recusa e a contrariedade de Giovanni foram ostensivas. Durante o treino, o jogador demonstrou disposição entre os reservas, jogando mais avançado do que vinha atuando nas partidas da seleção. Foi dele, inclusive, o único gol dos reservas.

CBF dará um e-mail para cada jogador
16h24 - 14/06/98

Léo Gerchmann
Da Agência Folha
Em Pontault Combault

Cada jogador da seleção brasileira vai ter um e-mail, e haverá também um e-mail geral do grupo. O correio eletrônico da seleção vai ser divulgado na próxima quinta-feira, às 13h, em entrevista coletiva.

A novidade será uma forma de aliviar a correspondência via correio. Atualmente, os jogadores estão recebendo uma média de mil cartas diárias na concentração do hotel Chateau de Grand Romaine, em Lésigny. A expectativa é de que os jogadores receberão 200 mensagens por dia, metade procedente do Brasil, e metade procedente do exterior.

CBF inaugura página na internet
18h29 - 15/06/98

Léo Gerchmann
Da Agência Folha
Em Nantes

A CBF está, desde esta segunda-feira, com uma página na internet. Para o internauta fazer contato com a entidade, o endereço é www.futebol.com. De cara, encontrará um editorial do presidente Ricardo Teixeira, sob o título Imensagem do presidente. Pode-se ler informações sobre a organização, a história e as conquistas do futebol brasileiro. Nas Inotícias do dia', há, hoje, a entrega de uma camiseta autografada do meia Leonardo para o comediante Juca Chaves. Há, também, pronunciamentos e comentários e a programação diária da seleção brasileira.

Torcedores comemoram classificação brasileira em Nantes
19h40 - 16/06/98

Léo Gerchmann
Agência Folha
Em Nantes

Em meio a uma paisagem medieval, com igrejas e castelos do século 16, a torcida brasileira está realizando uma grande festa nesta noite, na cidade de Nantes (França), comemorando a classificação antecipada do Brasil, em primeiro lugar, para as oitavas-de-final do Mundial da França.

Aproximadamente duas mil pessoas estão sambando ao som de Daniela Mercury. A cidade francesa parece uma parte do Brasil, contagiada pela alegria dos brasileiros. Até mesmo torcedores do Marrocos (que foi derrotado por 3 a 0) participam da festa.

Muitos jovens ainda estão se encaminhando do estádio La Beaujoire para o centro da cidade, onde está sendo realizada a comemoração. A expectativa, porém, é de que mais pessoas cheguem até a praça central da cidade.

Edmundo reconhece que teve atuação ruim
19h28 - 17/06/98

Léo Gerchamnn
Da Agência Folha
Em Pontault Combault

O atacante Edmundo, que entrou nos 15 minutos finais da vitória sobre Marrocos, reconheceu que teve uma atuação ruim. "Ainda bem que a minha atuação acabou não influenciando no resultado final", ressalvou o jogador. "O bom é que perdi a virgindade. Foi muito bom ter estreado na Copa. Pena que a bola não me ajudou".

É a primeira vez, desde o dia 31 de maio, que o jogador concede uma entrevista para a imprensa. "Eu não tinha nada a falar. Antes, estava um verdadeiro tiroteio", afirmou o jogador da Fiorentina, que confirmou estar negociando o seu retorno para o Vasco.

Jogadores da seleção defendem Dunga
19h29 - 17/06/98

Léo Gerchmann
Da Agência Folha
Em Pontault Combault

Os jogadores da seleção brasileira defenderam nesta quarta as atitudes de Dunga, o capitão da equipe, que reagiu de forma agressiva ao comportamento do atacante Bebeto, que teria retornado lentamente até o setor defensivo depois da cobrança de uma falta. "O problema foi resolvido no vestiário, é uma atitude natural em meio a um jogo", disse o meia Leonardo. "Todos os jogadores tem direito de falar. O Dunga costuma falar e ouvir", afirmou o meia Rivaldo.

Seleção divulga programação semanal
16h32 - 19/06/98

Léo Gerchmann
Agência Folha a Ozoir la Ferriére

A programação semanal da seleção brasileira foi divulgada por volta das 14h, (horário de Brasília) logo após o encerramento do treino tático desta sexta-feira à tarde.

Todos os dias, até a próxima sexta-feira, o despertar será às 10h, e o almoço será às 12h. Na segunda-feira, às 14h, os jogadores viajam até Marselha, onde, na terça, às 21h, enfrentam a seleção da Noruega.

O jogo será o encerramento da participação brasileira na primeira fase da Copa do Mundo. A equipe já está classificada antecipadamente em primeiro lugar no grupo A.

Ainda na terça, às 24h, os jogadores retornam a Lesigny, onde estão hospedados no hotel Chateau de Grand Romaine. Os treinos ocorrerão às 16h30 (com a exceção de segunda, em que será às 17h), e haverá folga na quarta (dia seguinte ao do jogo contra a Noruega).

O jantar, todos os dias (com a exceção da terça), será às 19h30. Os lanches estão programados para as 23h (o de terça será já na madrugada de quarta, às 2h30). Meia hora depois, os jogadores dormem.

Ronaldinho mostra aliança
16h33 - 19/06/98

Léo Gerchmann
Agência Folha a Ozoir la Ferriére

O atacante Ronaldinho, que estava treinando sem aliança na quinta-feira, nesta sexta a recolocou e procurou mostrá-la a todos os que assistiam ao treino nas arquibancadas no estádio dos Três Pinheiros, em Ozoir la Ferriére.

Perguntado sobre a possibilidade de ter se separado da namorada, Susana Werner, negou tudo e ainda disse que põe e tira a aliança quando bem entende. ''Está tudo bem'', afirmou o jogador brasileiro.

Norueguês compara sua futura mulher com futebol
14h55 - 22/06/98

Léo Gerchamnn
Agência Folha
Em Marselha

O norueguês Oivind Ekeland, que vai se casar com a brasileira Rosângela de Souza amanhã, antes de se iniciar o jogo entre as seleções do Brasil e da Noruega, comparou sua mulher com o futebol.

"Vou unir as duas coisas de que eu mais gosto: o futebol e a minha mulher", disse ele, sem esclarecer de qual das duas "coisas" ele gosta mais.

O casamento de Ekeland e Souza foi aprovado pela Fifa para se realizar dentro do campo, no estádio Vélodrome.

Zico critica comportamento de jogadores da seleção
18h12 - 24/06/98

Léo Gerchmann
Agência Folha
Em Lésigny

O coordenador-técnico da seleção Brasileira, Zico, fez críticas ao comportamento tático da seleção brasileira no jogo de ontem, contra a Noruega, em Marselha. De acordo com Zico, a seleção insistiu muito em jogadas pelo meio, em detrimento aos lances pelas pontas, e houve uma falta de sincronia entre meio-campo e ataque.

Mesmo assim, Zico concordou com os demais integrantes da comissão técnica e com os jogadores que se manifestaram sobre a derrota. "Perdemos quando podíamos perder", disse o coordenador-técnico da seleção.

Brasil faz treino da tarde
12h10 - 25/06/98

Léo Gerchmann
Em Pontault Combault

A seleção brasileira inicia dentro de uma hora o seu primeiro treino depois da derrota de 2 a 1 para a Noruega. Pela manhã, os jogadores descansaram. Apenas os três goleiros ftiveram uma atividade leve, de chutes a gol, no hotel Chateau de Grand Romaine.

Ontem, o foi dia de folga dos jogadores. A maior parte deles saiu para passear de forma isolada. Raros foram os que saíram em grupos e o clima era de tensão.

A expectativa é de que o técnico Zagallo realize, logo mais, um treino tático no estádio dos Três Pinheiros, em Ozoir la Ferriére, especialmente porque pela manhã não houve nenhuma atividade.

O tempo está nublado em Ozoir la Ferriére. A temperatura é de 23 graus centígrados.

Bebeto deve ser confirmado entre titulares do Brasil
13h48 - 27/06/98

Léo Gerchmann
Da Agência Folha
Em Paris

Há cerca de duas horas começou a chover em Paris, onde o Brasil enfrentará, às 16h a seleção do Chile, em jogo decisivo pelas oitavas-de-final da Copa do Mundo. O tempo esteve nublado durante toda a manhã, com poucos momentos de sol. Mesmo assim, havia torcedores brasileiros espalhados pela área central da cidade e por alguns pontos turísticos, como a catedral de Notre-Dame e o Quartier Latin.

O Brasil deverá ter a confirmação do atacante Bebeto que sentiu uma lesão leve na última quinta e na sexta deixou de participar de algumas atividades físicas no reconhecimento do estádio Parc Des Princes, onde ocorrerá o jogo. A intenção do técnico Zagallo foi poupar o jogador com a expectativa de utilizá-lo no jogo deste sábado.

Torcida brasileira é maior que chilena na porta do estádio
13h50 - 27/06/98

Léo Gerchmann
Da Agência Folha
Em Paris

A torcida brasileira começa a chegar em peso ao estádio Parc des Princes, em Paris, onde neste sábado o Brasil enfrentará o Chile pelas oitavas-de-final da Copa do Mundo. Sob uma chuva fina que persiste há mais de duas horas, há um verdadeiro carnaval no portão principal do estádio. O número de brasileiros por enquanto, é bastante superior ao de chilenos

Aproveitando o bom movimento, a organização de um show brasileiro que ocorrerá no dia 1º de julho às 21h (16h em Brasília) dentro do estádio Parc des Princes distribui propaganda na qual são anunciados os nomes de Gilberto Gil, Skank, Ivan Lins, Ivete Sangallo, Daniela Mercury e Simone. Os ingressos para o que está sendo definido como "o grande concerto brasileiro no Parc des Princes'' custam 170 francos (cerca de R$ 34).

Brasileiros fazem carnaval na Champs Elysses, em Paris
20h23 - 27/06/98

Agência Folha
Em Paris

A festa brasileira, pela classificação da seleção para as quartas-de-final da Copa do Mundo, com a vitória de 4 a 1 no jogo contra o Chile, no estádio Parc des Prines, em Paris, se espalhou pela capital da França.

Na região, onde fica o monumento da Bastilha, os bares e restaurantes estão repletos de brasileiros, que portam camisetas e bandeiras.

Na Champs Elysses está praticamente bloqueada, devido ao intenso tráfego. Os brasileiros começam a chegar, e aqueles que estão de carro fazem buzinaço e colocam bandeiras pelas janelas.

(Léo Gerchmann, Enviado especial

Zagallo toma susto em Paris
11h03 - 29/06/98

Léo Gerchmann
Da Agência Folha
Em Lésigny

O técnico Zagallo viveu ontem momentos de terror em Paris: quando se dirigia a Saint Dennis, para assistir ao jogo entre Dinamarca e Nigéria, que terminou em 4 a 1 para a Dinamarca e classificou a equipe européia para ser a adversária do Brasil nas quartas-de-final, ele foi abordado por torcedores franceses na rua.

Vendo que quem estava no carro era o treinador brasileiro, os franceses o cercaram e começaram a sacudi-lo. O susto durou cinco minutos. "Eles gritavam Zagalô, Zagalô, Zagalô. Fiquei bem preocupado, até que chegou a polícia e afastou os torcedores", contou Zagallo.

As ruas de Paris estavam tomadas de torcedores na noite de ontem e na madrugada de hoje. Eram torcedores brasileiros que passeavam e dinamarqueses e franceses que comemoraram a classificação das suas seleções para as quartas-de-final.

Zagallo vê evolução no esquema tático brasileiro
11h44 - 29/06/98

Léo Gerchmann
Da Agência Folha
Em Lésigny

O técnico Zagallo, da seleção brasileira, disse na manhã desta segunda considerar que houve evolução no esquema tático da equipe em relação ao início da Copa, especialmente quanto ao comportamento dos laterais, que estão avançando mais.

"Eu sempre disse para o Roberto Carlos cumprir a função de ponta-esquerda, e ele está conseguindo fazer isso agora. O Cafu faz isso até demais. O futebol moderno exige esse comportamento", afirmou ele.

Para o jogo contra a Dinamarca, Zagallo disse que "o trabalho já está concluído". Nesta terça, deverá ocorrer um coletivo, mas a equipe já está definida (será a mesma que começou o jogo anterior), e, segundo o treinador, não deverá haver surpresas táticas.

Sobre os problemas de relacionamento no grupo brasileiro, o meia Leonardo disse que,' entre Ronaldinho e Rivaldo, havia questões que são naturais dentro do grupo de jogadores, "mas que quando saem para fora parecem aumentar de dimensão".

Seleção intensificará treinos físicos
14h00 - 29/06/98

Léo Gerchmann
Da Agência Folha
Em Lésigny

A seleção brasileira está intensificando sua preparação física para as fases seguintes às quartas-de-final da Copa do Mundo. Hoje, além de dois recreativos, houve um treino físico forte.

O técnico Zagallo lembrou que França e Paraguai tiveram de decidir uma vaga para as quartas-de-final na 'morte súbita', sistema que está sendo utilizado desde as oitavas-de-final e que exige boa preparação física dos jogadores. Pela 'morte súbita', havendo prorrogação, a primeira equipe a fazer gol se torna a vencedora automaticamente.

Uma precaução individual que será tomada pela comissão técnica da seleção é um tratamento específico para o zagueiro Aldair, que fica enjoado quando viaja de ônibus e tem sentido cãibras seguidamente. Aldair trocará o ônibus pelo carro e passará a ter, na sua dieta, mais bananas, que contém potássio e diminui a probabilidade de haver cãibras.

Argentina está preocupada com superstição
11h41 - 30/06/98

Léo Gerchmann
Da Agência Folha
Em Pontault Combault

A imprensa e os torcedores argentinos estão lembrando nesta terça um fato histórico do seu futebol, ocorrido exatos quatro anos atrás (no dia 30 de junho de 1994): o resultado positivo no exame anti-doping de Maradona e a sua consequente eliminação da Copa dos EUA.

Na ocasião, os demais jogadores argentinos sentiram o golpe, e a seleção teve uma queda de produção que resultou na sua desclassificação.

Nesta terça, os argentinos enfrentam a Inglaterra, em jogo eliminatório pelas oitavas-de-final. O aniversário do doping de Maradona é mais um elemento entre tantos que compõem o jogo desta noite (tarde no Brasil).

Já são 30 os hooligans detidos em Saint-Etienne
11h42 - 30/06/98

Léo Gerchmann
Da Agência Folha
Em Pontault Combault

Depois de um forte distúrbio ocorrido no final da noite desta segunda, envolvendo 300 pessoas, já foram presos 30 hooligans (torcedores violentos ingleses) em Saint-Etienne, onde se enfrentam Argentina e Inglaterra, num jogo que causa grande expectativa.

Os distúrbios e as prisões ocorreram depois do jogo entre Holanda e Iugoslávia. Os torcedores ingleses queriam comprar mais cerveja no comércio próximo à praça Jean Jaurés, onde estava instalado um telão e eles haviam assistido ao jogo entre ingleses e iugoslavos.

Com a impossibilidade de consumir mais cerveja, eles se revoltaram e começaram a brigar. Envolveram-se na briga, também, imigrantes do norte da África que estavam no local e, depois, a polícia.

Ronaldinho corre em volta do campo para perder peso
13h53 - 30/06/98

Léo Gerchmann
Da Agência Folha
Em Ozoir-la-Ferrière

O atacante Ronaldinho correu sozinho em volta do campo, no estádio Três Pinheiros, em Ozoir-la-Ferrière, pouco antes do início do treino da seleção brasileira desta tarde.

O objetivo seria perder um pouco de peso. Segundo o médico da seleção, Lídio Toledo, Ronaldinho está acima do seu peso normal, o que estaria dificultando sua movimentação em campo.

Enquanto isso, os demais jogadores bateram bola e treinaram chutes a gol. Logo depois, o técnico Zagallo realizou um
treino coletivo com a equipe, colocando em campo o time titular que começou o jogo contra o Chile, no último sábado.

A torcida esteve presente em bom número, apesar do tempo nublado e da ameaça de chuva.

Ronaldinho participa de coletivo da seleção
12h12 - 01/07/98

Léo Gerchmann
Da Agência Folha
Em Ozoir-la-Ferrière

O atacante Ronaldinho está participando normalmente do treino coletivo que a seleção brasileira está realizando agora, em Ozoir-la-Ferrière.

O técnico Zagallo já adiantou que a equipe titular será a mesma que iniciou o último jogo, contra o Chile, pelas oitavas-de-final. Ou seja, está confirmada a permanência do atacante Bebeto, alvo de contestações.

A expectativa em relação ao treino de hoje era se Ronaldinho participaria dos trabalhos. Ontem, o atacante brasileiro se limitou a fazer corridas ao redor do gramado, enquanto os demais jogadores participavam de um treino tático (ataque contra defesa).

O volante César Sampaio, que recebeu uma pancada na canela esquerda e saiu de campo sentindo dores, também participa normalmente do coletivo e não é dúvida para o jogo de sexta.

"El Pais" indaga o que houve com Ronaldinho
12h14 - 01/07/98

Léo Gerchmann
Da Agência Folha
Em Pontault Combault

O jornal espanhol "El Pais", de Madri, publicou uma matéria na edição de hoje com o título "o que ocorre com Ronaldo", em tom de questionamento sobre a situação do ex-jogador do Barcelona.

Os espanhóis relatam, na matéria, que o atacante brasileiro tem uma tendinite no joelho esquerdo e está seis quilos acima do peso ideal.

Segundo o jornal, Ronaldinho disse, no jogo de estréia, contra a Escócia, que concluiu, referindo-se à Copa, que "tudo seria muito mais difícil do que havia imaginado".

Titulares vencem reservas por 1 a 0
14h15 - 01/07/98

Léo Gerchmann
Da Agência Folha
Em Ozoir-la-Ferrière

O treino coletivo da seleção brasileira terminou há pouco no estádio dos Três Pinheiros, em Ozoir-la-Ferrière, com uma vitória de 1 a 0 dos titulares sobre os reservas.

O gol foi marcado por Bebeto aos 39 minutos. O treino durou 40 minutos e foi marcado pelo forte equilíbrio entre as duas equipes.

Ronaldinho e César Sampaio participaram normalmente dos trabalhos. No treino tático de ontem, o atacante se limitou a correr ao redor do gramado e o volante deixou o campo sentindo uma pancada na canela esquerda.

Seleção deve realizar treino em Nantes, sem Ronaldinho
11h48 - 02/07/98

Léo Gerchmann
Da Agência Folha
Em Nantes

A seleção brasileira realiza nesta quinta um treino tático para reconhecimento do estádio Beaujoire, em Nantes, onde amanhã enfrentará a Dinamarca pelas quartas-de-final da Copa do Mundo.

Há pouco mais de uma hora, chovia em toda a região de Nantes (380 km a oeste de Paris). A chuva parou por volta das 10h30 mas o tempo continua nublado e o gramado deve estar escorregadio.

A intenção do técnico Zagallo é realizar um treino de dois toques - espécie de recreativo, em que o jogador que está de posse da bola pode tocá-la no máximo duas vezes.

Já está confirmado que o atacante Ronaldinho será poupado, devido às dores sentidas por ele no joelho esquerdo. O atacante não é, segundo o departamento médico da seleção, problema para o jogo de amanhã.

COPA: DARIO TEME VAIDADE DA SELEÇÃO

NANTES, FRANÇA (Agência Folha) - O ex-jogador de futebol Dario, o 'Dadá Maravilha", fez há pouco no centro de Nantes uma crítica ao comportamento da seleção brasileira. 'O Brasil está jogando na base da vaidade. Parece que o Zagallo não vê", disse o ex-atacante da seleção brasileira.

Dario, que foi convocado por Zagallo para a seleção brasileira tricampeã mundial em 1970, havia perdido o ônibus de turismo, que o conduziria ao estádio Beaujoire, em Nantes, quando foi localizado pela Agência Folha. O ex-jogador disse ter 'medo de a Dinamarca jogar como jogou contra a Nigéria". De acordo com Dario, porém, se os jogadores brasileiros forem solidários entre si na hora de passar a bola, ninguém será capaz de deter a seleção.

'Se o Rivaldo passar para o Ronaldinho, e Ronaldinho para o Bebeto, podemos vencer."

A ex-cunhada do ex-presidente Fernando Collor, Teresa Collor, também estava no centro de Nantes, procurando evitar o assédio do público. Ela comentou apenas que 'o povo brasileiro é muito espontâneo", referindo-se aos torcedores, que tentavam abracá-la.

(Léo Gerchmann)

Após treino, Zagallo avalia que equipe "não tem problemas de contusão"
14h12 - 02/07/98

Léo Gerchmann
Da Agência Folha
Em Nantes

O técnico da seleção brasileira confirmou há pouco uma impressão deixada no treino encerrado minutos atrás. "Não há problemas de contusão'', afirmou, referindo-se a todo o elenco.

Perguntado sobre a situação do atacante Ronaldinho, que sentia uma dor no joelho esquerdo, Zagallo respondeu: "Vocês viram o treino de agora há pouco, com o campo molhado. A resposta é curta'', referido-se à movimentação aparentemente normal do atacante brasileiro.

Antes da viagem para Nantes, Zagallo confirmou que Ronaldinho tem uma contusão no joelho. Após o treino, porém, ficou claro que o problema físico do atacante não implicará no afastamento para a próxima partida.

O treinador disse que a equipe da Dinamarca se aproxima ao estilo de futebol brasileiro em função de seus valores individuais. "Aprecio mais o estilo da Dinamarca do que o da Noruega'', comparou Zagallo.

Nantes recebe 15 mil torcedores brasileiros
10h05 - 03/07/98

Léo Gerchmann
Agência Folha
Em Nantes

Os brasileiros começam a chegar à cidade de Nantes, onde o Brasil enfrentará a Dinamarca, às 16h, pelas quartas-de-final da Copa do Mundo. No centro da cidade, é grande a movimentação de bandeiras e camisetas amarelas.

Saíram de Paris em direção a Nantes várias caravanas de torcedores, que deverão levar, até a hora do jogo, cerca de 15 mil brasileiros. Conhecidos pela rapidez e pelo conforto, 21 trens TGV partiram de Paris com destino a Nantes. Alguns deles têm capacidade para mil pessoas.

Além da torcida brasileira, há uma curiosidade em Nantes: a
equipe local, que leva o nome da cidade, é chamada de canarinho, por usar camisetas listradas verde-amarelo, calção amarelo e meias verdes. Sua torcida organizada promete ir ao estádio e torcer pela seleção brasileira.

O tempo em Nantes permanece nublado, tendo havido períodos curtos de chuva durante a manhã (madrugada no Brasil).

Organização da Copa divulga minúcias da programação
10h08 - 03/07/98

Léo Gerchmann
Agência Folha
Em Nantes

A organização da Copa do Mundo da França distribuiu um roteiro que estabelece precisão de segundos para programação do jogo desta sexta entre Brasil e Dinamarca.

Às 18h30 (13h30 pelo horário de Brasília), haverá a abertura dos portões do estádio La Beaujoire. Às 19h23, haverá a entrada em campo das equipes que farão o jogo preliminar. Dois jogos estão programados, cada um com dez crianças divididas nas duas metades do gramado.

Às 20h15, seis minutos depois de se encerrarem as partidas preliminares, os jogadores de Brasil e Dinamarca entram em campo para o aquecimento, que durará cinco minutos.

Às 20h52, haverá a entrada das bandeiras nacionais carregadas por crianças. Um minuto depois, entrará a bandeira da Fifa, seguida dos três árbitros e dos jogadores das duas equipes. Em seguida, haverá a execução dos hinos nacionais pela banda de música da Marinha de Brest.

Para as 20h58, está previsto o cumprimento entre os jogadores. Às 20h58min30s, devem ser tiradas fotos oficiais das duas equipes. Às 20h59min30s, ocorrerá o sorteio por cara ou coroa. Trinta segundos depois (16h em Brasília), está marcado o início da partida.

Brasileiros tomam centro de Nantes
21h05 - 03/07/98

Léo Gérchman
Agência Folha
Em Nantes

A festa brasileira se espalhou por toda a cidade de Nantes. Há buzinaços pela maior parte das ruas e os franceses também comemoram a classificação da sua seleção para a fase semifinal da Copa do Mundo.

Franceses e brasileiros chegaram até a dividir uma fantasia de Napoleão Bonaparte com as cores do Brasil. Há até mesmo, no fosso do castelo do século 13, existente no centro de Nantes, pessoas festejando a classificação brasileira. Ao lado da igreja medieval existente no centro da cidade, ocorre um carnaval com apresentação de grupos musicais e pessoas sambando.

Só na praça principal da cidade, há cerca de 10 mil pessoas, número que se torna bastante superior ao se levar em conta as ruas da cidade. Os dinamarqueses, cuja seleção foi derrotada pelo Brasil por 3 a 2 há pouco, participam da festa sem aparentar tristeza pela derrota.

Seleção argentina se prepara para retorno a
Buenos Aires
11h27 - 05/07/98

Léo Gerchmann
Da Agência Folha
Em Lésigny

O presidente da AFA (Associação de Futebol Argentino), Julio Grondona, disse estar orgulhoso de a seleção argentina ter ficado entre as oito melhores do mundo. A argentina foi desclassificada no sábado, ao perder para a Holanda por 2 a 1, em jogo pelas quartas-de-final.

"Não sei se foi ou não pênalti em Ortega. Mas uma jogada não pode mudar a história. A Argentina está entre as oito melhores do mundo e isso é o importante''. A Argentina acabou em quinto lugar na classificação geral da Copa do Mundo.

Mesmo assim, os torcedores consideraram justa a vitória holandesa. O presidente Carlos Menem criticou a ausência do meia Gallardo na equipe titular e o fato de o atacante Caniggia não ter sido convocado.

A seleção argentina continua na concentração, numa cidade próxima a Saint-Étienne, e deverá chegar na segunda a Buenos Aires.

Seleção realiza coletivo para adaptar Zé Carlos
12h37 - 05/07/98

Léo Gerchmann
Da Agência Folha
Em Ozoir-la-Ferrière

O técnico Zagallo surpreendeu ao estar realizando um coletivo nesta tarde nublada em Ozoir-la-Ferrière. Entre os objetivos do treino, está o entrosamento do lateral direito Zé Carlos, que substitui Cafu, na equipe titular. Aos 8 minutos do coletivo, Ronaldinho fez 1 a 0 pelos titulares na cobrança de um pênalti. A torcida vibrou com o gol do atacante, demonstrando o entusiasmo brasileiro para o jogo da próxima terça contra a Holanda, pelas semifinais da Copa, em Marselha.

Reservas viram coletivo da seleção com dois gols de Denilson
13h18 - 05/07/98

Léo Gerchmann
Da Agência Folha
Em Ozoir-la-Ferrière

A equipe reserva da seleção brasileira virou o jogo no coletivo desta tarde, em Ozoir-la-Ferrière, e está derrotando os titulares por 3 a 2. Giovanni fez um gol e Denilson, dois. O primeiro gol dos titulares havia sido marcado por Ronaldinho, num pênalti aos 8 minutos. O segundo, também de Ronaldinho, foi marcado aos 33 minutos. Giovanni empatou o treino também com gol de pênalti, numa jogada em que Zé Carlos fez falta no lateral esquerdo Zé Roberto. Os outros dois gols foram marcados aos 16 e aos 20 minutos por Denilson, jogador que executa a função esquerda no ataque. Denilson é o grande destaque do coletivo. O encarregado por sua marcação é justamente Zé Carlos, o lateral direito que substituirá Cafu no jogo contra a Holanda.

Coletivo da seleção termina em empate em
Ozoir-la-Ferrière
13h45 - 05/07/98

Léo Gerchmann
Da Agência Folha
Em Ozoir-la-Ferrière

Terminou há pouco em Ozoir-la-Ferrière o coletivo da seleção brasileira. Titulares e reservas empataram a partida em 3 a 3. O destaque foi o atacante reserva Denilson, que fez dois gols atuando pela esquerda.

O treino serviu para entrosar o lateral-direito reserva Zé Carlos, que substitui o titular Cafu. Zé Carlos tinha a missão de marcar Denilson.

O primeiro gol deste domingo foi marcado por Ronaldinho, pelos titulares, aos 8 minutos. Aos 15 minutos, Giovanni fez o primeiro para os reservas. Logo depois, aos 16 minutos, Denilson fez o gol de virada dos reservas. Aos 20 minutos, Denilson fez seu segundo gol no coletivo, levando os reservas a 3 a 1.

Os reservas só não ganharam porque, aos 33 minutos, veio o segundo gol de Ronaldinho e, aos 39 minutos, César Sampaio fez o gol de empate há apenas um minuto do encerramento do treino.

Logo após o coletivo, os jogadores treinaram cobranças de pênaltis, para uma eventual disputa contra os holandeses, caso o jogo de terça termine empatado.

CBF divulga balanço das partidas entre Brasil e
Holanda
13h47 - 05/07/98

Léo Gerchmann
Da Agência Folha
Em Ozoir-la-Ferrière

A CBF (Confederação Brasileira de Futebol) distribuiu neste domingo um relato sobre os jogos entre Brasil e Holanda. Houve cinco jogos até o momento entre as duas seleções. O Brasil venceu duas partidas, empatou uma, e perdeu outras duas. Sofreu seis gols e fez sete, ficando com o saldo positivo em um gol.
Os enfrentamentos entre Brasil e Holanda se iniciaram no dia 2 de maio de 1963, quando a seleção brasileira perdeu para os holandeses por 1 a 0, num amistoso em Amsterdã, por 1 a 0. No dia 3 de julho de 1974, a Holanda voltou a derrotar o Brasil, desta vez nas semifinais da Copa da Alemanha.

Desde 1989, o Brasil não perde para os holandeses. No dia 20 de dezembro de 1989, a seleção brasileira venceu por 1 a 0, num amistoso em Roterdã. Em 9 de julho de 1994, o Brasil derrotou os holandeses na Copa dos Estados Unidos por 3 a 2 nas oitavas-de-final. No último jogo entre as duas seleções, um amistoso em Amsterdã em 31 de agosto de 1996, as duas equipes terminaram empatando em 2 a 2.

Noiva de Zé Carlos comemora cartão amarelo de Cafu
14h53 - 05/07/98

Léo Gerchmann
Da Agência Folha
Em Ozoir-la-Ferrière

A noiva do lateral direito Zé Carlos, Berta Silva, disse há pouco que "aquele cartão bobo recebido pelo Cafu só pode ser coisa de Deus''. Berta se referia ao segundo cartão amarelo recebido por Cafu, que possibilitou a escalação de seu noivo na equipe titular que enfrenta a Holanda, na próxima terça, pelas semifinais da Copa do Mundo.

Zé Carlos e Berta iriam se casar no dia 27 de junho, data em que ocorreu o jogo contra a Noruega. A convocação apressada do lateral direito para substituir Flávio Conceição os levou a adiar a cerimônia.

Berta está presente em quase todos os treinos da seleção. Mesmo antes de se casar com Zé Carlos, ela já cuida dos seus interesses financeiros. Quando relata a trajetória profissional de seu noivo, que tem 29 anos e assinou contrato até 2001 com o São Paulo, ela a se emociona. Berta lembra que Zé Carlos chegou a ser emprestado gratuitamente do União São João para o Matonense. Ela lembra, em lágrimas, o valor de apenas US$ 300 mil, pelo qual o seu passe foi vendido ao São Paulo.

Os dois se conheceram há quatro ano em uma missa na cidade de Presidente Bernardes (600 quilômetro de São Paulo). Berta tocava órgão e Zé Carlos rezava. De acordo com Berta, os moradores de sua cidade estão bastante entusiasmados com a participação de Zé Carlos nas semifinais.

Mil torcedores esperam jogadores na saída do treino
14h54 - 05/07/98

Léo Gerchmann
Da Agência Folha
Em Ozoir-la-Ferrière

Cerca de mil pessoas esperam a saída do ônibus da seleção brasileira na frente do estádio dos Três Pinheiros, em Ozoir-la-Ferrière.

O assédio aos jogadores brasileiros aumentou sensivelmente depois que a seleção se classificou para a fase semifinal da Copa do Mundo. Além de torcedores e curiosos, havia durante o treino pelo menos 600 jornalistas de diversos países do mundo, o que chegou a dificultar o acesso para imprensa brasileira.

A presença maciça de torcedores ocorre, mesmo com o tempo nublado e a temperatura de 15 graus em Ozoir-la-Ferrière.

Seleção brasileira treina em Toulon
10h42 - 06/07/98

Léo Gerchmann
Agência Folha
Em Ozoir-la-Ferrière

A seleção brasileira treina nesta segunda em Toulon, cidade da Riviera francesa a cerca de 80 km a leste de Marselha. A Fifa proibiu Brasil e Holanda de treinar no estádio Vélodrome, local da partida de terça, com o objetivo de preservar o gramado.

Toulon foi escolhida porque a seleção brasileira estará hospedada perto dessa cidade. O hotel de Frégate fica a cerca de 10 km de Toulon e a 70 km de Marselha. O local mais provável para o treino é o estádio Beau Rencontre (belo encontro, em francês), onde se disputam partidas do Torneio de Toulon, para jogadores de até 21 anos. Se não houver acordo, há a opção de um estádio menor, chamado Mayol.

Cinco mil torcedores assistem ao treino da seleção
13h19 - 06/07/98

Léo Gerchmann
Agência Folha
Em Toulon

Cerca de 5 mil pessoas estão assistindo ao treino da seleção rasileira no estádio Beau Recontre, em Toulon. O estádio tem capacidade para 12 mil pessoas.

Num pavilhão em que cabem 4 mil pessoas, sua lotação é completa e há ainda pessoas em pé. Os jogadores terminaram agora de fazer corrida em volta do campo, num aquecimento para o treino com bola que se iniciará dentro em pouco. Agora os jogadores, depois de terem feito alongamento, realizam um treino de dois toques, ocupando pouco mais da metade do gramado.

Torcida francesa deve apoiar brasileiros
13h47 - 06/07/98

Léo Gerchmann
Agência Folha
Em Toulon

Pelo o que se pôde constatar nesta tarde no estádio Beau Recontre (belo encontro, em português), em Toulon, a seleção brasileira deverá ter o apoio eufórico da torcida francesa no jogo de terça, contra a Holanda, válido pelas semifinais da Copa da França.

A maior parte das 5.000 pessoas que estiveram presentes ao treino de dois toques da seleção encerrado há pouco era de franceses. A cada lance bonito ou aproximação dos jogadores onde está o público, há gritos e aplausos.

Mesmo sendo um treinamento recreativo, quando havia gols, os torcedores vibravam intensamente e os jogadores também. Um exemplo foi o gol feito por Roberto Carlos acertando um chute de perna esquerda, após cruzamento da direita, sem deixar a bola tocar o gramado.

Especialmente as torcedoras francesas gritavam os nomes de Leonardo e Ronaldo. Depois do treino de dois toques, os jogadores ergueram os braços e, de mãos dadas, agradeceram o apoio do público. Agora,os brasileiros estão sentados no gramado. Alguns deles descansam e outros fazem alongamento.

Zagallo "esquece" de 1974
16h21 - 06/07/98

Léo Gerchmann
Da Agência Folha
Em Marselha

O técnico Zagallo afirmou, depois do treino da seleção brasileira, hoje à tarde, que só consegue se lembrar das Copas de 1958, 1962, 1970 e 1994, todas vencidas pelo Brasil.

Zagallo respondeu isso ao ser perguntado sobre os jogos do Brasil contra a Holanda nas Copas de 1974 e 1994.

Em 1974, na Alemanha, o Brasil foi derrotado pelos holandeses por 2 a 0 nas semifinais, e em 1994, nos Estados Unidos, venceu por 3 a 2, nas quartas-de-final. Na Copa de 1974, ele era o técnico.

O treinador brasileiro continua fazendo a contagem regressiva para o pentacampeonato: "faltam dois jogos", diz.

Seleção viu vídeo sobre a Holanda
16h22 - 06/07/98

Léo Gerchmann
Da Agência Folha
Em Marselha

Os jogadores da seleção brasileira assistiram a uma sessão de vídeo sobre a seleção holandesa no hotel Chateau de Grand Romaine, em Lésigny, antes de viajar para Toulon, onde treinaram na tarde de hoje.

Depois da sessão de vídeo, os jogadores e a comissão técnica debateram aspectos técnicos e táticos dos holandeses.

O volante Dunga, capitão da equipe, disse que o sistema de marcação dos holandeses é muito eficiente. Contrariou, assim, outras opiniões, que definem a seleção da Holanda como uma equipe que dá espaços para os adversários.

Tempo é bom em Marselha para Brasil x Holanda
10h07 - 07/07/98

Agência Folha
Em Marselha

Depois de uma madrugada em que o tempo ficou encoberto, o sol voltou em Marselha no dia em que Brasil e Holanda decidem, no estádio Vélodrome, uma vaga para as finais da Copa do Mundo da França.

Os torcedores brasileiros movimentam a cidade e planejam um grande carnaval ao lado do porto velho, caso a seleção derrote a Holanda. No local, há bares, restaurantes e espaço para grandes festas ao ar livre.

Quanto às equipes que entrarão em Campo, o Brasil não apresenta nenhum mistério: a única alteração em relação à equipe titular dos últimos jogos é a presença de Zé Carlos em substituição a Cafu, que terá de cumprir suspensão automática, na lateral-direita.

Na Holanda, a situação é diferente: na ala esquerda e no ataque, ainda não foram definidos os substitutos de Numan, expulso no jogo contra a Argentina e por isso suspenso, e Overmars, que sentiu uma lesão e será poupado para a eventualidade de a Holanda chegar à final. **(Léo Gerchmann, enviado especial)**

Valdano destaca talento de brasileiros e holandeses
10h10 - 07/07/98

Agência Folha
Em Marselha

O ex-jogador argentino Jorge Valdano, que depois de encerrar a sua carreira se tornou um escritor, elogiou, numa crônica publicada nesta terça-feira pelo jornal espanhol "El Pais", o tipo de futebol praticado por Brasil e Holanda, as duas equipes que se enfrentam logo mais pelas semifinais da Copa do Mundo no estádio Vélodrome, em Marselha.

De acordo com Valdano, a partida será vencida pela equipe que quer a bola, que busca a iniciativa e que não faz do sacrifício, da especulação e da grosseria o centro do seu jogo.

O ex-jogador argentino, reconhecido hoje mundialmente também por suas crônicas e contos, definiu as duas equipes: "Holanda é talento coletivo; Brasil é talento individual". No seu entendimento, portanto, enfrentam-se logo mais duas equipes de talento. **(Léo Gerchmann, enviado especial)**

Presidente da AFA torce pelo Brasil
10h54 - 07/07/98

Léo Gerchmann
Agência Folha
Em Marselha

O presidente da AFA (Associação de Futebol Argentino), Julio Grondona, afirmou que torce pela seleção brasileira depois de a sua equipe ter sido desclassificada da Copa do Mundo.

De acordo com Grondona, o motivo não é o fato do Brasil ser uma equipe sulamericana. O presidente da AFA surpreendeu ao afirmar: "O Brasil ganha o título por uma razão muito simples: para não medirmos forças com eles para o mundial de Coréia e Japão'', referindo-se à fase classificatória ao próximo Mundial.

O Brasil sendo pentacampeão estará liberado de participar das eliminatórias por ter classificação assegurada para 2002. Isso já ocorreu em relação a esta Copa e é uma regra fixa da Fifa.

Torcedores holandeses são maioria em Marselha
10h57 - 07/07/98

Léo Gerchmann
Agência Folha
Em Marselha

Pela primeira vez a seleção brasileira está perdendo em número de torcedores em um jogo nesta Copa do Mundo. É bem maior a presença de holandeses nas ruas de Marselha.

A situação se explica pelo fato de os torcedores holandeses "permanentes" não terem precisado ir até Marselha. O último jogo da Holanda, vitória de 2 a 1 sobre a Argentina, ocorreu em Marselha.

Outro fato é que com a chegada da seleção da Holanda nas semifinais da Copa aumentou o número de holandeses que deixaram de carro ou de trem seu país na última hora para ver sua seleção. Marselha fica a dez horas de carro da Holanda. E é justamente essa proximidade entre os dois países que deve aumentar ainda mais o número de torcedores holandeses na França, caso a seleção chega à final da Copa, que será disputada em Paris no próximo dia 12.

Uma das principais diferenças em relação aos torcedores brasileiros é que os holandeses não usam adereços diferentes da camiseta e do boné laranja e da bandeira de seu país, salvo algumas exceções.

Na praia já está montado um palco no qual haverá apresentação de músicos africanos e que deverá atrair torcedores da equipe vencedora para a festa da vitória. Outro local que será foco de festejo é o porto velho da cidade.

Chuva em Marselha não desanima torcedores
15h26 - 07/07/98

Léo Gerchmann
Da Agência Folha
Em Marselha

Começou a chover em Marselha, onde o Brasil enfrentará daqui a pouco a Holanda, pelas semifinais da Copa do Mundo. O tempo estava bom, com pouca nebulosidade. Repentinamente surgiu uma nuvem negra e começou uma chuva fina.

Mesmo assim, os torcedores brasileiros e holandeses não perderam o entusiasmo. Nem mesmo as pessoas que se encarregaram pelas ruas de Marselha da pintura dos rostos dos torcedores deixaram de trabalhar. Eles estão cobrando 20 francos (equivalente a US$ 4) por uma pintura localizada nas duas faces e 40 francos pelas pintura do rosto inteiro. Os responsáveis pelas pinturas asseguram que a sua freguesia é composta mais por holandeses que por brasileiros.

Zagallo toma calmante para evitar tensão
13h48 - 08/07/98

Léo Gerchmann
Da Agência Folha
Em Lésigny

O técnico Zagallo disse nesta quarta que desde o jogo contra a Dinamarca está tomando calmante. Encerrado o jogo contra os dinamarqueses, o treinador brasileiro teve de tomar um remédio devido à tensão em que se encontrava.

No jogo de terça, contra Holanda, ele repetiu a dose antes de a partida começar e disse ter ficado no ponto certo: calmo e em condições de passar vibração para a equipe.

Depois da entrevista, concedida em frente ao hotel Château de Grande Romaine, em Lésigny, local da concentração da seleção, ele foi dormir para ver se conseguirá assistir ao jogo entre França e Croácia, no estádio de France, junto com o coordenador técnico, Zico, e com o olheiro, Gilmar.

O treinador da seleção jantou às 5h30 de hoje (horário da França), dormiu logo depois e acordou às 10h20.

Seleção treina para enfrentar a França
11h57 - 09/07/98

Léo Gerchmann
Agência Folha
Em Pontault-Combault

A seleção brasileira fará à tarde o seu primeiro treino de preparação para a final da Copa do Mundo de 1998, contra a França, no próximo domingo, no Stade de France, em Saint-Denis (periferia de Paris).

Há algumas expectativas em relação à tarde, especialmente devido à classificação francesa para a final e ao comportamento dos franceses depois do jogo: houve buzinaço em frente ao hotel Château de Grande Romaine, em Lésigny, onde a equipe brasileira está concentrada. A polícia francesa teve que impedir o tráfego de veículos na rua em frente ao hotel para impedir que os brasileiros fossem perturbados durante a noite de quarta.

O ônibus da seleção chegou a Ozoir-la-Ferrière por volta das 16h30 (11h30 de Brasília). Até agora, a recepção vinha sendo sempre de entusiasmo por parte dos fãs franceses, que, desde quarta à noite, são adversários do Brasil. A festa francesa pela classificação se prolongou da noite de quarta até a madrugada de desta quinta, por todo o país.

Marroquino será árbrito da final da Copa do Mundo

11h59 - 09/07/98

Léo Gerchmann
Agência Folha
Em Pontault-Combault

O árbitro Said Belqola, de Marrocos, foi escolhido pela Fifa para atuar na final da Copa do Mundo, entre Brasil e França, no próximo domingo, em Saint-Denis (região metropolitana de Paris).

É a primeira vez na história que um africano atuará como árbitro em decisões de Copa do Mundo.

Belqola tem 41 anos e quatro filhos. Trabalha como fiscal alfandegário na cidade marroquina de Fes. Começou a atuar como árbitro de futebol em 1983 e, dez anos mais tarde, iniciou sua carreira como árbitro internacional. Sua mais importante participação até agora tinha sido a disputa pelo terceiro lugar do Mundial de Sub-17 de 1995. Na Copa da França, Belqola apitou os jogos entre Alemanha e Estados Unidos e Argentina e Croácia.

A seleção de Marrocos, país de Belqola, foi eliminada da Copa do Mundo, de forma indireta, pelo Brasil, na primeira fase do torneio, o que torna a indicação polêmica.

A seleção brasileira, que venceu Marrocos por 3 a 0, perdeu para a Noruega por 2 a 1 quando já havia assegurado a sua classificação antecipadamente. Com o resultado, os noruegueses chegaram às oitavas-de-final, desclassificando Marrocos.

Estádio de Ozoir-la-Ferrière receberá o nome de Taffarel
12h01 - 09/07/98

Léo Gerchmann
Agência Folha
Em Pontault-Combault

O estádio dos Três Pinheiros, em Ozoir-la-Ferrière, onde o Brasil treina desde o início da Copa do Mundo da França, terá seu nome modificado para estádio Cláudio Taffarel, em homenagem ao goleiro brasileiro que defendeu dois pênaltis contra a Holanda e levou a seleção à final da competição.

O prefeito de Ozoir-la-Ferrière, Jacques Loyeur, já enviou o projeto para o legislativo e, pelo que dizem na cidade, não haverá dificuldades para a aprovação.

Dentro de poucos minutos, a seleção volta ao estádio dos Três Pinheiros (Trois Sapins, em francês) para o seu primeiro treino de preparação para a final da Copa, contra a França.

CBF separa imprensa estrangeira da nacional em Ozoir-La-Ferrière
13h02 - 09/07/98

Léo Gerchmann
Agência Folha
Em Ozoir-la-Ferrière

Pela primeira vez num treino da seleção brasileira, a imprensa estrangeira foi separada da imprensa nacional. Foi a forma com que a CBF encontrou para administrar os espaços para cobertura da preparação da equipe.

Apesar de o tempo estar nublado e de a temperatura ser de 15° centígrados, o número de torcedores é expressivo no estádio dos Três Pinheiros (Trois Sapins, em francês), em Ozoir-la-Ferrière. Os jogadores por enquanto se limitam a fazer exercícios físicos.

A recepção da torcida em Ozoir, quando o ônibus chegou ao estádio, foi eufórica. Não há, até o momento, nenhuma manifestação de torcedores franceses contra a seleção.

Dunga pretende ser técnico a partir de dezembro
09h21 - 10/07/98

Agência Folha
Em Pontault Combault

O volante Dunga, capitão da seleção brasileira, manifestou interesse em abandonar o futebol no final do ano (dezembro) para dar início a um novo trabalho, como treinador.

O objetivo de Dunga é se preparar para, mais adiante, ser técnico da seleção. Antes disso, ele pretende trabalhar em clubes, para adquirir experiência na nova função.

Há propostas para Dunga continuar jogando, até mesmo uma da Federação Paulista de Futebol. Em princípio, porém, o jogador disse que pretende começar a nova carreira.

Recentemente, o volante já havia dito que está jogando, nesta Copa, suas últimas partidas pela seleção. De acordo com esse raciocínio, o próximo domingo marcará a sua despedida e o encerramento daquela que desde 1990 é conhecida como a "era Dunga". **(Léo Gerchmann, enviado especial)**

Seleção faz último treino para a final
09h37 - 11/07/98

Léo Gerchmann
Da Agência Folha
Em Pontault Combault

A seleção brasileira fará à tarde o seu último treinamento na Copa de 1998, em preparação para a final da competição, neste domingo, contra a França, em Saint Denis (região metropolitana de Paris).

O técnico Zagallo deverá optar por um treinamento leve, para não sobrecarregar os jogadores antes da decisão. No máximo, como na sexta-feira, deverá ocorrer um treino tático no gramado do hotel Chateau de Gran Romaine, em Lésigny (40 km ao norte de Paris).

O tempo está nublado em Lésigny, cidade na qual a seleção se hospedou durante a Copa. Pela manhã, chegou a cair uma leve chuva.

Para Bobby Charlton, França sem Blanc perde para o Brasil
09h40 - 11/07/98

Léo Gerchmann
Da Agência Folha
Em Pontault Combault

O ex-atacante Bobby Charlton, ídolo do futebol inglês, afirmou que a seleção francesa não poderá conter a brasileira, especialmente por um motivo: a ausência do zagueiro Blanc.

"Quando Blanc abandonou o campo de jogo, senti que os sonhos da França se iam com ele", disse ele.

"Apesar de que Marcel Desailly demonstrou ser um dos grandes defensores deste mundial, a França possivelmente não conseguirá vencer um Brasil exuberante, agora que Blanc não está na equipe."

Jogadores treinam cobrança de pênaltis em Lésigny

14h47 - 11/07/98

Léo Gerchmann
Da Agência Folha
Em Lésigny

A seleção brasileira realizou neste sábado um treino recreativo que durou 36 minutos e teve duas equipes compostas de forma mista entre reservas e titulares.

Depois do recreativo, os jogadores Emerson, Denílson, Rivaldo, Bebeto, Leonardo, Ronaldinho e César Sampaio treinaram cobrança de pênaltis para a eventualidade de isso ser necessário em caso de empate no tempo regulamentar e na prorrogação no jogo deste domingo, contra a França, na final da Copa do Mundo.

O aproveitamento dos jogadores durante as cobranças foi o seguinte: Emerson acertou dois e errou um; Denílson acertou quatro e não errou; Rivaldo acertou dois e errou dois; Bebeto acertou três e errou três; Leonardo acertou cinco e errou dois; Ronaldinho acertou cinco e errou dois; e César Sampaio acertou três e errou dois. Durante as cobranças, Dida foi o destacado para defender os pênaltis.

Ronaldinho espera apoio da torcida durante a final
14h48 - 11/07/98

Léo Gerchmann
Da Agência Folha
Em Lésigny

O atacante Ronaldinho disse acreditar na presença intensa da torcida brasileira no jogo de domingo contra França - final da Copa do Mundo, que será disputada em Saint-Denis. "Vai estar cheio de brasileiros, é bem possível que o barulho da batucada brasileira seja maior do que a da torcida da França", disse Ronaldinho.

Sobre a possibilidade de o Brasil perder para a França, o atacante afirmou que "ser vice-campeão é jogar todo um trabalho bem feito fora". "Eu poderia ter rendido mais se estivesse bem fisicamente. Para o jogo de amanhã estou 100%", completou.

<T>COPA: EMBAIXADOR CONVIDA FHC E ACM PARA VER FINAL</T>

OZOIR-LA-FERRIÈRE, FRANÇA (Agência Folha) - O embaixador brasileiro na França, Marcos Azambuja, esteve há pouco no treino da seleção brasileira e revelou que mantém o convite para que o presidente Fernando Henrique Cardoso e o presidente do Senado, Antonio Carlos Magalhães, estejam em Paris no próximo domingo para assistir à final da Copa do Mundo entre as seleções brasileira e francesa.
Azambuja afirmou que, caso FHC e ACM não possam ir ao jogo, ele os estará representando. Ele disse ainda que há entre 7.000 e 8.000 brasileiros em Paris e cerca de 20 mil em toda a França.
Em tom de brincadeira, ele disse que deseja 'paz e serenidade" para o goleiro Taffarel, ou seja, 'quero um Brasil vitorioso, sem a necessidade de decisão por pênaltis". Sobre uma eventual festa de uma vitória brasileira em Paris, o embaixador disse que por ser supersticioso não preparou nada ainda. 'Essas coisas acontecem espontaneamente."

(Léo Gerchmann)

<t>COPA: MATERIAL SOBRE BRASIL TEM INFORMAÇÕES ERRADAS</t>

NANTES, FRANÇA (Agência Folha) - A comissão organizadora da Copa do Mundo distribuiu nesta tarde, na França, um material contendo informações pormenorizadas sobre o Brasil. O conteúdo do material traz algumas curiosidades e alguns erros sobre o país.

Um dos erros mais grosseiros é a forma como foi grafado o nome do Presidente da República: Fernando Henrique Cardoso virou 'Fernando Haeniquè Cardos".

Outros erros estão no relato sobre a carreira do volante Dunga, quando é informado que o capitão da seleção brasileira foi campeão carioca de 1989, pelo Internacional, que é de Porto Alegre. Também sobre Dunga o material afirma que ele está cotado para ser o substituto do técnico Zagallo na seleção brasileira a partir do ano 2000.

Sobre Cafu o material relata que o lateral-direito titular da seleção foi transferido para ao Palmeiras após uma operação triangular entre Juventus do Rio Grande do Sul, Zaragoza e o clube paulista. O Juventus citado no texto na verdade é o Juventude, de Caxias do Sul.

(Léo Gerchmann)

<T>COPA: OLHEIROS FARÃO RELATÓRIO SOBRE ADVERSÁRIO</T>

LÉSIGNY, FRANÇA (Agência Folha) - O olheiro da seleção brasileira, Jairo dos Santos, disse hoje que ele e seu companheiro na tarefa de acompanhar o desempenho das outras seleções, o ex-goleiro Gilmar, vão selecionar algumas fitas de jogos do adversário da seleção brasileira na final da Copa do Mundo e apresentar um relatório para o técnico Zagallo.
O adversário do Brasil sai da partida de hoje entre França e Croácia. Sobre a Croácia, Santos disse que se trata de um estilo "bem mais europeu, mais duro".
Sobre a França, Santos adiantou que a equipe é ofensiva e joga com quatro zagueiros, dois volantes, um meia e três atacantes. Além disso, de acordo com o olheiro, os franceses marcam por zona, com o objetivo de deter o futebol de habilidade, típico dos sul-americanos.

(Léo Gerchmann)

<T>COPA: INGRESSOS CHEGAM A US$ 5 MIL NO CÂMBIO NEGRO</T>

MARSELHA, FRANÇA (Agência Folha) - A guerra de preços por ingressos atingiu seu ponto mais alto hoje na França. Além dos cambistas, que vendem ingressos por até US$ 2.000, quando o preço oficial é de US$ 70, há anúncios nos classificados dos jornais, como é o caso do jornal Le Figaro, oferecendo entradas por valores entre US$ 3.500 e US$ 5.000, para o jogo da final da Copa.
No centro de Marselha, ao lado do porto velho, estão sendo vendidos bonés e camisetas ilustradas com desenhos de jogadores do Brasil e da Holanda por US$ 18.
O local está com um movimento intenso de torcedores das duas seleções. A predominância, porém, é das camisetas laranjas, da Holanda.

(Léo Gerchmann)

<t>ESP:Zico diz que mal-estar de Ronaldinho abalou jogadores</t>
Agência Folha
Lésigny (França)

O coordenador-técnico da seleção brasileira, Zico, disse há pouco, quando saiu do hotel Château de Grande Romaine, que o mal-estar sentido pelo atacante Ronaldinho abalou os demais jogadores para o jogo de domingo contra a França, na final da Copa do Mundo.

Zico não esclareceu o que foi esse mal estar, mas ressalvou: 'Outros jogadores também não renderam o que poderiam". De acordo com ele, o Brasil perdeu porque tudo deu errado ontem. 'Eu havia dito antes do jogo que nós perderíamos se tudo desse errado e foi isso o que ocorreu", afirmou Zico. <B>(Léo Gerchmann, Enviado especial)</B>

<t>ESP:Leonardo defende Ronaldinho</t>
Agência Folha
De Lésigny (França)

O meia Leonardo, que havia deixado pela manhã o hotel Château de Grande Romaine, onde a seleção está hospedada até as 22h, retornou há pouco e defendeu o atacante Ronaldinho que, segundo o jogador Roberto Carlos, teria se abalado emocionalmente antes do jogo decisivo contra a França, ontem. 'Ele é uma pessoa especial, mas não é o Super Homem", disse Leonardo.

Ronaldinho permanece na casa que alugou em Pontault-Combault e, segundo o seu pai, Nélio, está dormindo. <b>(Léo Gerchmann, Enviado especial)

<t>ESP:Lídio Toledo diz que Ronaldinho teve convulsão</t>
Agência Folha
De Lésigny (França)

O chefe da equipe médica da seleção brasileira, Lídio Toledo, afirmou nesta segunda-feira em Lésigny que o atacante Ronaldinho sofreu uma convulsão de cerca de 30 segundos de duração por volta das 14h de domingo, antes do jogo final da Copa do Mundo, contra a França.

Segundo o médico, o jogador foi levado a um hospital onde foi submetido a uma série de exames médicos, incluindo tomografia, ressonância magnética e eletrocardiograma. Nenhum exame, de acordo com Toledo, apontou qualquer anormalidade, o que permitiu que a equipe médica autorizasse a escalação do jogador na partida final do Mundial da França.

Ronaldinho, que estava ao lado de Lídio Toledo no momento da entrevista coletiva concedida pelo médico afirmou que o incidente não passou de um grande susto e que isso não influenciou sua performance no jogo.

O médico da seleção recomenda ao jogador que se aproxime de alguma pessoa que o ampare, servindo de 'pára-raios" ou anteparo, para resguardá-lo de problemas de sua rotina atribulada. (Léo Gerchmann, Enviado especial)

<t>ESP:Ronaldinho diz perdeu a Copa mas 'ganhou sua vida'</t>
Agência Folha
Lésigny (França)

O atacante Ronaldinho, em entrevista concedida há pouco, em Lésigny, se disse 'chateado" com setores da imprensa brasileira. 'Eu já ganhei muitas decisões. Não ia amarelar na mais importantes delas", disse o atacante, referindo-se a alguns jornalistas que teriam afirmado que o jogador ficou com medo no último jogo da Copa.

Sobre a vitória da França, o jogador afirmou que foi justa, porque, segundo ele, os franceses se armaram bem e jogaram melhor do que o Brasil.

O atacante falou de sua tristeza pela perda do título, mas afirmou: 'O importante é que perdemos a Copa, mas ganhei outra, que foi a minha vida", referindo-se à convulsão que sofreu antes do jogo de domingo.
<B>(Léo Gerchmann, Enviado especial)</B>